竞技武术套路动作库

国家体育总局武术运动管理中心 审定

南刀

人民体育出版社

图书在版编目（CIP）数据

南刀 / 国家体育总局武术运动管理中心审定. -- 北京：人民体育出版社, 2023
（竞技武术套路动作库）
ISBN 978-7-5009-6332-5

Ⅰ. ①南… Ⅱ. ①国… Ⅲ. ①刀术(武术)—套路(武术)—中国 Ⅳ. ①G852.221.9

中国国家版本馆CIP数据核字(2023)第120572号

*
人民体育出版社出版发行
北京新华印刷有限公司印刷
新　华　书　店　经　销
*
710×1000　16开本　11.25印张　144千字
2023年9月第1版　　2023年9月第1次印刷
印数：1—3,000册
*
ISBN 978-7-5009-6332-5
定价：46.00元

社址：北京市东城区体育馆路8号（天坛公园东门）
电话：67151482（发行部）　　邮编：100061
传真：67151483　　邮购：67118491
网址：www.psphpress.com
（购买本社图书，如遇有缺损页可与邮购部联系）

编 委 会

动作示范（以姓氏笔画为序）

王子文　巨文馨　吕泰东　刘忠鑫　汤　露
孙培原　杜洪杰　李剑鸣　杨顺洪　张雅玲
张　黎　陈洲理　查苏生　姚　洋　常志昭
梁永达　童　心

为武术更加灿烂的明天

——总结经典 传承经典 创造经典

陈恩堂

竞技武术套路动作库从立项到推出，历时3年有余，历经艰辛探究，今日终于得以付梓，令人欣喜万分。我谨代表国家体育总局武术运动管理中心、武术研究院、中国武术协会，对竞技武术套路动作库出版成书表示热烈的祝贺！

中华武术源远流长，博大精深，是中华民族优秀传统文化的瑰宝。古往今来，在武术发展的历史长河中，产生了许多独具特色的拳种流派，涌现了许多身怀绝技的武林高手，流传着许多让人津津乐道的传奇故事。历代的武术先辈们给我们留下了丰厚的武术遗产。作为新时代的武术人，把这份丰厚的武术遗产继承好、发展好，是我们义不容辞的责任。

把武术先辈们留下的丰厚武术遗产继承好、发展好，首先就是要对其进行系统地总结，在总结的基础上加以传承，在传承的过程中进行创新。竞技武术套路动作库，正是遵循这样的思路，总结经典，传承经典，创造经典。

——总结经典。竞技武术套路动作库，当前共收录具有源流和传统名称的武术经典动作1941式，分为长拳、刀术、棍术、剑术、枪术、南拳、南刀、南棍、太极拳、太极剑共10个子库，如字典汇编，毫分缕析，系统总结了长拳、南拳、太极拳三大拳种的经典动作，规范了技术方法，确定了技术标准，突出武术技击本质，展示武术攻防内涵。每一个经典动作都有源流出处，都具有传统名称，不仅符合人民群众对武术古往今来的认知，更是彰显了中华传统文化符号的经典魅力，充分体现了中华文化自信。

——传承经典。竞技武术套路动作库，通过总结经典，实现武术经典动作的标准化和规范化，本身就是对武术历史经典的传承。这些标准化、规范化的经典动作，既可供武术专业运动员在比赛中选用，让运动员的整套动作演练更具可比性，更加符合现代奥林匹克运动的特征，同时，也适合广大武术爱好者尤其是青少年朋友学习掌握，将专业和业余打通，普及和提高一体。通过竞技武术套路动作库，每一个武术习练者、爱好者都会成为武术经典的传承者，武术文化的传播者。

——创造经典。竞技武术套路动作库，不仅是在总结经典、传承经典，也在创造经典。人民群众有无限的创造力。人民群众在历史上创造了武术的经典，今后也必将继续创造武术新的经典。当前收录的1941个武术经典动作只是动作库的首期工程，今后每年都会更新，进行动态调整。创新动作经过中国武术协会审定通过后，将会成为竞技武术套路动作库的一部分，这充分体现了对中华优秀传统文化的创造性转化、创新性发展。

竞技武术套路动作库的推出，是武术运动科学化、标准化的又一重要标志，是武术运动发展史上具有里程碑意义的大事，凝结了全体武术人的智慧和汗水。在此，我谨以国家体育总局武术运动管理中心、武术研究院、中国武术协会的名义，向所有为竞技武术套路动作库付出不懈努力的武术前辈、专家、运动员、教练员、裁判员和工作人员们表示衷心的感谢！向所有关心支持武术事业改革发展的各界人士表示衷心的感谢！

国运兴则体育兴，国运兴则武术兴。在中华民族伟大复兴的新征程上，作为中华民族传统体育项目和优秀传统文化的代表，武术必将在体育强国、文化强国和健康中国建设中发挥着独特作用。竞技武术套路动作库，是武术发展的新的起点，为武术在更高水平的传承和繁荣开辟了新的道路，为武术进一步现代化、国际化奠定了重要基础，为武术走向奥林匹克大舞台迈出了坚实步伐。我们相信，以此作为新的起点，通过全体武术人的团结奋斗，武术的魅力将更加显现，武术的未来将更加美好！

2023年7月1日

（作者为国家体育总局武术运动管理中心主任、党委书记，国家体育总局武术研究院院长，中国武术协会主席）

CONTENTS / 目录

1 步型

1.1 弓步

弓步 001
传统术语：白蛇吐芯。
现代术语：弓步扎刀。
源流：南少林刀术第二十七式。
技法：扎。

动作过程： 左腿屈膝成左弓步；同时，右手握刀随身体左转向前下方扎刀，右臂伸直，刀刃向下，刀尖斜向下；左手顺势向身后推掌；目视刀尖。

动作要点： 弓步拧腰、转胯、蹬腿与扎刀协调一致；力达刀尖。

弓步 002

传统术语：横刀立马。

现代术语：弓步反握刀。

源流：南少林雁形刀第三十五式。

技法：握。

动作过程： 右腿屈膝成右弓步；同时，右手反握刀随转体向右后下方扎刀；左手护握刀柄；目视左前方。

动作要点： 单手反把握刀。

弓步 003
传统术语：黑虎拦路。
现代术语：弓步推刀。
源流：南少林刀术第十三式。
技法：推。

动作过程： 左腿屈膝成左弓步；同时，右手握刀、左掌护按刀背随身体左转向前推刀，刀刃向前，刀尖向左；目视前方。
动作要点： 弓步与推刀发力一致；力达刀刃。

弓步 004

传统术语：关公撩袍。

现代术语：弓步反撩刀。

源流：南少林刀术第十四式。

技法：撩。

动作过程：右脚向右跨步成右弓步；右手握刀由左随身体右转经体前划弧向右上反撩刀，刀刃向上，刀尖向前；左掌由下向后划立圆摆至身体左侧，掌心向后；目视刀尖。

动作要点：反撩刀时右臂内旋，贴身立圆；力达刀刃前段。

弓步 005
传统术语：罗汉担柴。
现代术语：弓步带刀。
源流：南少林刀术第四十六式。
技法：带。

动作过程： 右腿屈膝成右弓步；同时，右手握刀屈臂内旋随转体由左向右横带刀至右肩前，刀背架于左臂上，刀尖斜向下；左掌护于刀柄处；目视左前方。

动作要点： 带刀时腰带臂、臂带腕，旋臂扣腕灵巧、快速；力达刀身。

弓步 006

传统术语：金鸡展翼。

现代术语：弓步抹刀。

源流：永春白鹤拳大观鹤翅刀第四十四式。

技法：抹。

动作过程： 左腿屈膝成左弓步；同时，右手握刀、右臂屈肘紧贴刀身随身体左转向前抹刀至左胸前，刀尖向前；左手变虎爪架于头顶上方；目视右前方。

动作要点： 弓步拧腰、转胯、蹬腿与抹刀协调一致；力达刀刃前段。

弓步 007
传统术语：利刀削竹。
现代术语：弓步斩刀。
源流：永春白鹤拳大观鹤翅双刀第四十二式。
技法：斩。

动作过程：左腿屈膝成左弓步；双手握刀随身体左转向前方斩刀，刀刃向前，刀尖向右；目视刀尖。
动作要点：斩刀时以腰带刀，发力于腰；力达刀刃前段。

弓步 008

传统术语：犀牛分水。

现代术语：弓步穿刀。

源流：南少林一路单刀第二十一式。

技法：穿。

动作过程： 左腿屈膝成左弓步；右手握刀随身体左转由下向上穿刀，刀刃向前，刀尖向上；左手护按于右前臂内侧；目视刀身。

动作要点： 以腰带臂，由下向上穿刀；力达刀尖。

弓步 009
传统术语：横扫千军。
现代术语：弓步扫刀。
源流：老八掌刀术第三十二式。
技法：扫。

动作过程： 左腿屈膝成左弓步；右手握刀由左肩经背缠头随转体向左扫刀，刀刃向左，刀尖向前；左掌护于右臂内侧；目视右前方。

动作要点： 扫刀要平，以腰带刀；力达刀刃。

弓步 010

传统术语：怀中抱月。

现代术语：弓步格刀。

源流：宗福寺传统南刀第二十一式。

技法：格。

动作过程： 左脚向前方上步，右脚向前跟步成左弓步；右手反握刀随转体向左格刀，刀刃向前，刀尖向下；左掌护于刀柄上；目视右前方。

动作要点： 单手反把握刀；力达刀身。

弓步 011
传统术语：仙童献茶。
现代术语：弓步挫刀。
源流：南少林刀术第五十四式。
技法：挫。

动作过程： 左腿屈膝成左弓步；同时，右手握刀随身体左转向前挫刀，刀刃向前，刀尖向右；左臂顺势摆至身后，左手变勾，勾尖向上；目视前方。

动作要点： 挫刀时手臂由屈到伸，弓步与挫刀发力一致；力达刀刃。

弓步 012
传统术语：开山劈地。
现代术语：弓步砍刀。
源流：南少林春秋大刀第二十式。
技法：砍。

动作过程： 左腿屈膝成左弓步；双手握刀随转体向左前砍刀，刀刃斜向前，刀尖斜向上；目视右前方。
动作要点： 拧腰转胯，砍刀短促有力；力达刀刃。

弓步 013
传统术语：雷鸣一闪。
现代术语：弓步劈刀。
源流：南少林二路梅老刀第二十一式。
技法：劈。

动作过程： 右脚向右上步成右弓步；右手握刀由上随转体经体前向左下劈刀，刀刃斜向左，刀尖斜向下；左掌护于右腕内侧；目视右前方。

动作要点： 劈刀时快速有力由上向下劈出；力达刀刃。

1.2 仆步

仆步 001

传统术语：金鸡仆腿。

现代术语：仆步截刀。

源流：五祖南刀第三十四式。

技法：截。

动作过程： 左腿屈膝成右仆步；同时，右手握刀由左随身体右转经体前向右下方截刀，刀刃向右，刀尖向前；左手屈臂格拳置于左肩前；目视刀身。

动作要点： 仆步、截刀、格拳协调一致；力达刀刃。

1.3 虚步

虚步 001

传统术语：关公捋须。

现代术语：虚步抱刀。

源流：南少林地术拳七星第一式。

技法：抱。

动作过程： 右腿屈膝，左脚尖点地成左虚步；同时，左手抱刀提至胸前，刀背贴于左臂内侧；右掌由身体右侧向胸前盖落按掌；目视前方。

动作要点： 按掌臂与抱刀臂平行；上体中正。

虚步 002

传统术语：夜郎挑灯。

现代术语：虚步崩刀。

源流：宗福寺传统南刀第十三式。

技法：崩。

动作过程： 左脚向前上步，右脚尖点地成右虚步；同时，双手握刀由左随身体右转经下向右上崩刀，双臂微屈，刀刃斜向右，刀尖斜向上；目视刀尖。

动作要点： 虚步与崩刀协调一致；力达刀尖。

虚步 003
传统术语：魁星踢斗。
现代术语：虚步崩刀。
源流：蔡李佛拳蝴蝶双刀第三十六式。
技法：崩。

动作过程：左脚向前上步，右脚尖点地成右虚步；右手握刀由身体左侧随转体经下向右上崩刀，臂微屈，刀刃斜向右，刀尖斜向上；左掌护于体前，掌心向下；目视刀尖。
动作要点：崩刀时右腕外翻，刀尖猛向上崩；力达刀尖。

虚步 004

传统术语：顽童戏月。

现代术语：虚步藏刀。

源流：南少林缠头刀第三十式。

技法：藏。

动作过程： 右脚向右上步，左脚尖点地成左虚步；右手握刀藏于身体右侧，刀刃向下，刀尖向前；左手变单指由右肩前向左前方推出；目视左前方。

动作要点： 右腕内扣屈肘；刀藏于体侧。

虚步 005
传统术语：捧毂推轮。
现代术语：虚步带刀。
源流：永春白鹤拳大观鹤翅刀第十式。
技法：带。

动作过程： 右腿屈膝，左脚尖点地成左虚步；右手握刀由左向右屈臂横带刀至身体右侧，刀把略高于刀尖，刀刃斜向右；左掌护于右腕处；目视左前方。

动作要点： 带刀时以腰带臂、臂带腕，旋臂扣腕；带刀与虚步协调一致；力达刀身。

虚步 006
传统术语：拨水求鱼。
现代术语：虚步立推刀。
源流：南少林太祖拳一百零八式第四十六式。
技法：推。

动作过程：右腿屈膝，左脚尖点地成左虚步；双手握刀由身体右侧向前立推刀，刀刃向前，刀尖向上；目视刀身。
动作要点：虚步与立推刀发力一致；力达刀刃。

虚步 007

传统术语：落马削蹄。

现代术语：虚步下截刀。

源流：永春白鹤拳大观鹤翅刀第二式。

技法：截。

动作过程： 左脚向后撤步，右脚尖点地成右虚步；右手握刀由右随身体左转向前下截刀，刀刃向前，刀尖向左；左掌护于右臂内侧；目视前下方。

动作要点： 右臂内旋，弧形向斜前下方截刀，虚步与截刀协调一致；力达刀刃。

虚步 008
传统术语：横云过月。
现代术语：虚步格刀。
源流：永春白鹤拳大观鹤翅刀第六式。
技法：格。

动作过程： 右脚落步，左脚尖点地成左虚步；右手握刀、左掌护按刀背由左经体前向右格刀，刀刃向后，刀尖向下；目视左前方。

动作要点： 虚步与格刀协调一致；力达刀身。

虚步 009
传统术语：金牛卧地。
现代术语：虚步云抹刀。
源流：南少林青龙刀第十一式。
技法：云、抹。

动作过程： 右腿屈膝，左脚尖点地成左虚步；右手握刀、左掌护按刀背由右随身体左转举至头顶上方平云一周后再向前抹刀，刀刃向左，刀尖向前；目视前方。

动作要点： 云刀时刀在头顶上方平云；抹刀时以腰带刀，劲力圆顺，虚步与云抹刀协调一致；力达刀刃前段。

1.4 单蝶步

单蝶步 001

传统术语：白蛇吐芯。

现代术语：单蝶步扎刀。

源流：南少林刀术第二十九式。

技法：扎。

动作过程：左腿屈膝，右小腿内侧贴地成右单蝶步；同时，右手握刀由右腰侧随身体左转向前扎刀；左掌护于右臂内侧；目视前方。

动作要点：单蝶步与扎刀协调一致；力达刀尖。

单蝶步 002

传统术语：雁落平沙。

现代术语：单蝶步按刀。

源流：南少林刀术第五十六式。

技法：按。

动作过程： 左腿屈膝，右小腿内侧贴地成右单蝶步；右手握刀由上随身体左转向前下按刀，刀刃向前，刀尖向左；左掌变拳顺势收于左腰间；目视右前方。

动作要点： 单蝶步与按刀协调一致；力达刀身。

单蝶步 003

传统术语：古树盘根。

现代术语：单蝶步崩刀。

源流：南少林刀术第三十六式。

技法：崩。

动作过程： 左腿屈膝，右小腿内侧贴地成右单蝶步；右手握刀由右随身体左转向内扣腕崩刀，臂微屈，刀刃向前，刀尖向左；左虎爪护于右肘下方；目视左前方。

动作要点： 崩刀手腕摆扣快速发劲，单蝶步与崩刀协调一致；力达刀身前段。

单蝶步 004

传统术语：金鲤朝天。

现代术语：单蝶步藏刀。

源流：南少林地术犬法三坤刀第十七式。

技法：藏。

动作过程：左腿屈膝，右小腿内侧贴地成右单蝶步；同时，右手握刀藏于身体右侧，刀刃向下，刀尖向前；左虎爪顺势架于头前上方；目视虎爪。

动作要点：单蝶步与藏刀协调一致；刀藏于体侧。

单蝶步 005
传统术语：拨草寻蛇。
现代术语：单蝶步反抹刀。
源流：南少林刀术第十八式。
技法：抹。

动作过程： 左腿屈膝，右小腿内侧贴地成右单蝶步；右手反握刀由右随转体向左抹刀，右前臂紧贴刀身，刀刃向左，刀尖向前；左掌护于刀柄处；目视右前方。

动作要点： 反抹刀以腰带臂，快速灵活，转换流畅；力达刀刃前段。

单蝶步 006
传统术语：金刀锁喉。
现代术语：单蝶步反撩刀。
源流：五祖南刀第三十式。
技法：撩。

动作过程： 左腿屈膝，右小腿内侧贴地成右单蝶步；右手反握刀随身体左转向上方反撩刀，刀刃向上，刀尖向前，随即左手抓握刀柄；目视刀尖前方。

动作要点： 反撩刀以腰带臂，以臂带腰，贴身立圆；单蝶步与反撩刀协调一致；力达刀刃前段。

单蝶步 007
传统术语：探海斩蛟。
现代术语：单蝶步斩刀。
源流：蔡李佛拳蝴蝶双刀第二十七式。
技法：斩。

动作过程： 左腿屈膝，右小腿内侧贴地成右单蝶步；同时，双手握刀随身体左转向前斩刀，刀刃向前，刀尖向右；目视前方。

动作要点： 斩刀时以腰带刀，快速有力；力达刀刃前段。

单蝶步 008

传统术语：金刚伏虎。

现代术语：单蝶步架刀。

源流：南少林地术犬法飞虎刀第二十三式。

技法：架。

动作过程： 左脚向前上步，左腿屈膝，右小腿内侧贴地成右单蝶步；同时，右手握刀随身体右转向头顶上方架刀，刀身贴于左臂外侧，刀刃斜向上，刀尖斜向下；左掌护于刀柄处；目视左前方。

动作要点： 架刀时刀上举架于头顶上方；力达刀刃。

单蝶步 009

传统术语：手提虎首。

现代术语：单蝶步背刀。

源流：混元刀第二十一式。

技法：背。

动作过程： 右脚、左脚依次蹬地跳起落地，左腿屈膝，右小腿内侧贴地成右单蝶步；同时，右手握刀顺势背刀于右背上；左手变虎爪护于头前上方；目视虎爪。

动作要点： 单蝶步、背刀、虎爪配合协调一致；力达刀身。

单蝶步 010

传统术语：罗汉开捶。

现代术语：单蝶步推刀。

源流：南少林太祖伏虎叉六十六式第五十五式。

技法：推。

动作过程： 左腿屈膝，右小腿内侧贴地成右单蝶步；右手握刀、左掌护按刀背由右随身体左转向前推刀，刀刃向前，刀尖向左；目视前方。

动作要点： 推刀时快速有力；力达刀刃。

单蝶步 011
传统术语：敲山震虎。
现代术语：单蝶步立推刀。
源流：五祖南刀第九式。
技法：推。

动作过程：左腿屈膝，右小腿内侧贴地成右单蝶步；右手握刀由右随身体左转向前立推刀，刀刃向前，刀尖向上；左掌护于右臂内侧；目视前方。

动作要点：单蝶步与立推刀协调一致；力达刀刃。

单蝶步 012
传统术语：青龙揽月。
现代术语：单蝶步反撩刀。
源流：连城拳大刀第三式。
技法：撩。

动作过程： 右腿屈膝，左小腿内侧贴地成左单蝶步；双手握刀随身体右转经体前下方向右上划弧反撩刀，刀刃斜向上，刀尖斜向前；目视刀尖。

动作要点： 反撩刀时右臂内旋、左臂外旋，贴身立圆；力达刀刃前段。

单蝶步 013

传统术语：仙人打鼓。

现代术语：单蝶步砍刀。

源流：永春白鹤拳大观鹤翅刀第十九式。

技法：砍。

动作过程： 左腿屈膝，右小腿内侧贴地成右单蝶步；同时，双手握刀由上随身体左转向前下砍刀，刀刃斜向前，刀尖斜向上；目视右前方。

动作要点： 拧腰、转胯、砍刀配合协调，连贯流畅；力达刀刃。

单蝶步 014

传统术语：白蛇窜草。

现代术语：单蝶步截刀。

源流：南少林五祖刀三十六招刀法第八式。

技法：截。

动作过程：右腿屈膝，左小腿内侧贴地成左单蝶步；右手握刀前臂内旋由左随转体向右前下方截刀，刀刃向右，刀尖向前；左手顺势变拳收于左腰侧；目视右前方。

动作要点：灵活快速向斜下截刀，单蝶步与截刀协调一致；力达刀刃。

单蝶步 015

传统术语：势如破竹。

现代术语：单蝶步劈刀。

源流：永春白鹤拳大观鹤翅刀第三十二式。

技法：劈。

动作过程： 左腿屈膝，右小腿内侧贴地成右单蝶步；右手握刀由上随转体向左下劈刀，刀刃斜向后，刀尖斜向左；左掌护于右臂内侧；目视右前方。

动作要点： 劈刀以腰带臂，以臂带刀，快速有力，由上向下劈出；力达刀刃。

单蝶步 016

传统术语：横刀揭斧。

现代术语：单蝶步挫刀。

源流：南少林雁形刀第十六式。

技法：挫。

动作过程： 左腿屈膝，右小腿内侧贴地成右单蝶步；右手握刀右臂外旋随身体左转向前挫刀，刀刃向前，刀尖向右；左拳顺势收于左肩前；目视前方。

动作要点： 挫刀时手臂由屈到伸，单蝶步与挫刀协调一致；力达刀刃。

1.5 骑龙步

骑龙步 001

传统术语：黑虎拦路。

现代术语：骑龙步扎刀。

源流：南少林太祖伏虎叉六十六式第十二式。

技法：扎。

动作过程：左腿屈膝前弓成骑龙步；同时，右手握刀由右腰侧随身体左转向前扎刀；左掌护于右臂内侧；目视刀尖。

动作要点：骑龙步与扎刀协调一致，扎刀快速有力；力达刀尖。

骑龙步 002

传统术语：青龙回身。

现代术语：骑龙步按刀。

源流：少林罗汉拳三正第二十六式。

技法：按。

动作过程：（1）双臂直臂外旋向上托举，刀刃向前，刀尖向上；目视刀尖。

（2）右脚向右跨步，右腿屈膝前弓成骑龙步；同时，右手握刀、左掌护按刀背前段由右上方向身体前下按刀，双臂微屈；目视左前方。

动作要点：按刀时双腕用力向下按压，骑龙步与按刀协调一致；力达刀身。

骑龙步 003

传统术语：老猿探山。

现代术语：骑龙步反握刀。

源流：永春白鹤拳大观鹤翅刀第六十二式。

技法：握。

动作过程： 右脚向右跨步，右腿屈膝前弓成骑龙步；同时，右手反握刀随转体经体前划弧收于右腰侧，刀刃向下；左掌顺势护于右腕内侧；目视左前方。

动作要点： 单手反把握刀；骑龙步与反握刀协调一致。

骑龙步 004

传统术语：金鸡啄米。

现代术语：骑龙步藏刀。

源流：邱鹤拳刀术第二式。

技法：藏。

动作过程： 右脚向前上步，右腿屈膝前弓成骑龙步；同时，右手握刀顺势藏于身体右侧；左手变虎爪架于头前方；目视左前方。

动作要点： 骑龙步、藏刀与虎爪配合协调一致；刀身藏于体侧。

骑龙步 005

传统术语：怀抱琵琶。

现代术语：骑龙步立捧刀。

源流：南少林太祖伏虎叉六十六式第二十式。

技法：捧。

动作过程： 右腿屈膝前弓成骑龙步；右手握刀、左掌护于刀柄处随身体右转立捧于右胸前，刀刃向前，刀尖向上；目视左前方。

动作要点： 骑龙步与立捧刀配合协调；力达刀身。

骑龙步 006
传统术语：罗汉担柴。
现代术语：骑龙步带刀。
源流：南少林刀术第四十六式。
技法：带。

动作过程： 右腿屈膝前弓成骑龙步；右手握刀随转体屈臂向右横带刀至右肩前，左臂紧贴刀身，刀刃斜向前，刀尖斜向下；左掌护于右腕内侧；目视左前方。

动作要点： 带刀时腰带臂、臂带腕，扣腕灵巧、快捷；骑龙步与带刀协调一致；力达刀身。

骑龙步 007
传统术语：鲁班架棚。
现代术语：骑龙步架刀。
源流：南少林刀术第五十一式。
技法：架。

动作过程： 右腿屈膝前弓成骑龙步；右手握刀、左掌护于右腕内侧由身体左侧随转体向头顶上方架刀，刀刃斜向前，刀尖斜向下；目视左前方。

动作要点： 架刀时，刀高于头，力达刀刃。

骑龙步 008
传统术语：老仙亮牌。
现代术语：骑龙步崩刀。
源流：五祖南刀第二十八式。
技法：崩。

动作过程： 右腿屈膝前弓成骑龙步；双手握刀随转体向右上崩刀，双臂微屈，刀刃斜向右，刀尖斜向上；目视左前方。
动作要点： 崩刀抖腕，短促有力，骑龙步与崩刀协调一致；力达刀尖。

骑龙步 009
传统术语：关公撩袍。
现代术语：骑龙步反撩刀。
源流：南少林刀术第十四式。
技法：撩。

动作过程： 右腿屈膝前弓成骑龙步；双手握刀由左随转体经体前划弧向右上方反撩刀，刀刃向上，刀尖向前；目视刀尖。

动作要点： 骑龙步拧腰、转胯快速；反撩刀时右臂内旋、左臂外旋，贴身立圆，骑龙步与反撩刀协调一致；力达刀刃前段。

骑龙步 010

传统术语：鹤翅裁腰。

现代术语：骑龙步抹刀。

源流：永春白鹤拳大观鹤翅刀第四式。

技法：抹。

动作过程： 左腿屈膝前弓成骑龙步；同时，右手反握刀随转体向左抹刀，右前臂紧贴刀身屈肘置于左胸前，刀刃向左，刀尖向前；左掌顺势抱握刀柄；目视右前方。

动作要点： 抹刀时以腰带臂，以臂带刀，转换流畅；力达刀刃前段。

骑龙步 011

传统术语：力推山门。

现代术语：骑龙步立推刀。

源流：永春白鹤拳大观鹤翅刀第四十一式。

技法：推。

动作过程： 左腿屈膝前弓成骑龙步；右手握刀随身体左转向前立推刀，刀刃向前，刀尖向上；左掌顺势护于右臂内侧；目视刀身。

动作要点： 立推刀时拧腰转胯，快速向前推出；力达刀刃。

骑龙步 012
传统术语：云龙摆尾。
现代术语：骑龙步斩刀。
源流：南少林五祖七星刀第十五式。
技法：斩。

动作过程：（1）左脚、右脚、左脚依次向前上步，随即双腿屈膝成半马步；同时，双手握刀随转体由下经体前划弧收于身体右侧；目随视刀身。
（2）左腿屈膝前弓成骑龙步；同时，双手握刀由身体右侧随身体左转向前斩刀，刀刃向前，刀尖向右；目视右前方。

动作要点：斩刀时双手握刀向前横斩；力达刀刃前段。

骑龙步 013

传统术语：回马穿心。

现代术语：骑龙步后扎刀。

源流：咏春八斩刀第九式。

技法：扎。

动作过程： 右脚向右跨步，右腿屈膝前弓成骑龙步；同时，右手反握刀随转体向右后扎刀，刀刃向右，刀尖向后；左掌顺势护握刀柄；目视刀尖方向。

动作要点： 后扎刀时右前臂紧贴刀身向身后扎出；力达刀尖。

骑龙步 014

传统术语：老僧封门。

现代术语：骑龙步推刀。

源流：南少林青龙刀第十九式。

技法：推。

动作过程： 左脚向前上步，左腿屈膝前弓成骑龙步；右手握刀、左掌护按刀背随身体左转向前推刀，刀刃向前，刀尖向左；目视前方。

动作要点： 推刀时拧腰、转胯与推刀配合协调一致，向前推出快速有力；力达刀刃。

骑龙步 015
传统术语：怀中抱月。
现代术语：骑龙步格刀。
源流：五祖拳南刀第二十一式。
技法：格。

动作过程：左腿屈膝前弓成骑龙步；同时，右手握刀由身体右侧随转体向左格刀，刀刃向后，刀尖向上；左掌顺势护于右腕内侧；目视右前方。

动作要点：骑龙步与格刀配合协调一致；力达刀身。

骑龙步 016
传统术语：白鹤扫翅。
现代术语：骑龙步下截刀。
源流：永春白鹤拳大观鹤翅刀第十二式。
技法：截。

动作过程： 右脚向左脚前盖步，随即左脚向左横跨一步，左腿屈膝前弓成骑龙步；同时，右手握刀臂内旋在身体右侧斜云一周后向右下截刀；左掌架于头左上方；目视右前方。

动作要点： 截刀时腰带臂、臂带刀沉稳发力；骑龙步与截刀协调一致；力达刀刃。

骑龙步 017

传统术语：拨云入海。

现代术语：转身骑龙步云抹刀。

源流：南少林刀术第四十五式。

技法：云、抹。

动作过程：（1）右脚、左脚依次向右前上步，随即身体向右转体180°；同时，右手握刀、左掌护按刀背随转体在头顶上方平云一周；目随视刀身。

（2）右脚落步，右腿屈膝前弓成骑龙步；右手握刀、左掌护按刀背抹刀至右腰侧，刀刃向右，刀尖向前；目视左前方。

动作要点：云抹刀时右手握刀举至头上方平云后向右抹刀；转身骑龙步与云抹刀配合协调一致；力达刀刃前段。

骑龙步 018

传统术语：凿石开山。

现代术语：骑龙步砍刀。

源流：永春白鹤拳大观鹤翅刀第三十五式。

技法：砍。

动作过程：左腿屈膝前弓成骑龙步；双手握刀由上随身体左转向斜前下方砍刀，刀刃斜向前，刀尖斜向上；目视右前方。

动作要点：砍刀时短促有力；力达刀刃。

骑龙步 019

传统术语：亮刀带马。

现代术语：骑龙步挫刀。

源流：南少林黑虎刀第二十三式。

技法：挫。

动作过程：左腿屈膝前弓成骑龙步；同时，右手握刀随身体左转向前挫刀，高与肩平，刀刃向前，刀尖向右；左掌变拳顺势收至左肩前；目视前方。

动作要点：挫刀时右臂外旋由屈至伸，发力于腰；力达刀刃。

骑龙步 020

传统术语：单刀劈马。

现代术语：骑龙步劈刀。

源流：永春白鹤拳大观鹤翅刀第二十三式。

技法：劈。

动作过程： 左腿屈膝前弓成骑龙步；右手握刀由上随转体向左下斜劈刀，刀刃斜向后，刀尖斜向下；左掌顺势护于右肩前；目视右前方。

动作要点： 劈刀时臂外旋，快速下劈；力达刀刃。

骑龙步 021

传统术语：铁扇关门。

现代术语：骑龙步反握格刀。

源流：连城拳八步缠丝刀第十二式。

技法：格。

动作过程： 左脚、右脚依次向前上步，左腿屈膝前弓成骑龙步；同时，右手反握刀随转体向左格刀，右前臂紧贴刀身，刀刃向前，刀尖向下；左掌顺势护于右前臂内侧；目视前方。

动作要点： 右手反握格刀时，刀身垂直；力达刀身。

1.6 马步

马步 001

传统术语：雁落平沙。

现代术语：马步按刀。

源流：南少林刀术第五十六式。

技法：按。

动作过程：（1）左脚向左横跨步；同时，右手握刀直臂外旋向上托举，刀刃向前，刀尖向上；目随视刀尖。

（2）双腿屈膝成马步；同时，右手握刀、左掌护按刀背前段由上向身体前下按刀，双臂微屈；目视前方。

动作要点：按刀时双腕用力向下按压，马步与按刀发力一致；力达刀身。

马步 002

传统术语：师手搏兔。

现代术语：马步反握刀。

源流：南少林雁形刀第三十五式。

技法：握。

动作过程： 右脚向右横跨步，双腿屈膝成马步；同时，右手反握刀随身体右转摆至身体右侧，刀刃向右，刀尖向后；左掌护于右臂内侧；目视右前方。

动作要点： 单手反把握刀；马步与反握刀协调一致。

马步 003

传统术语：蛟龙出洞。

现代术语：马步扎刀。

源流：南少林连环刀第七式。

技法：扎。

动作过程： 双腿屈膝成马步；同时，右手握刀由右随转体向前扎刀，左手顺势托护刀柄，刀刃向下，刀尖向前；目视刀尖。

动作要点： 扎刀干净利落，马步与扎刀发力一致；力达刀尖。

马步 004

传统术语：鲁班架棚。

现代术语：马步撩架刀。

源流：南少林四门刀第八式。

技法：撩、架。

动作过程： 双腿屈膝成马步；同时，右手握刀由右随转体向上撩刀，随即顺势架于头顶上方，刀刃向上，刀尖向右；左手护握刀柄；目视刀尖方向。

动作要点： 先撩后架，撩刀贴身立圆；力达刀刃前段。

马步 005

传统术语：夜郎挑灯。

现代术语：马步崩刀。

源流：南少林地术犬法滚塘双刀第十三式。

技法：崩。

动作过程： 右脚向右横跨步，双腿屈膝成马步；同时，右手握刀随身体右转由下向上崩刀，刀刃向右，刀尖向上；左掌顺势护于右臂内侧；目视刀身。

动作要点： 崩刀时抖腕沉肘；力达刀尖。

马步 006

传统术语：鲁班架梁。

现代术语：马步架刀。

源流：南少林太祖拳一百零八式第二十三式。

技法：架。

动作过程： 左脚向左横跨步，双腿屈膝成马步；同时，右手握刀、左手护握刀柄随转体由下向头顶上方架刀，刀刃斜向上，刀尖斜向下；目视左前方。

动作要点： 马步与架刀协调一致；力达刀刃。

马步 007

传统术语：回头斩将。

现代术语：马步反手扎刀。

源流：南少林刀术第三十三式。

技法：扎。

动作过程： 双腿屈膝成马步；同时，右手反握刀随转体由左向右反扎刀，刀刃向前，刀尖向右；左手护握刀柄；目视右前方。

动作要点： 反手扎刀时双臂屈肘，右前臂紧贴刀身；力达刀尖。

马步 008

传统术语：快刀削竹。

现代术语：马步推刀。

源流：连城拳单勾刀第二式。

技法：推。

动作过程： 双腿屈膝成马步；右手握刀、左掌护按刀背由右腰侧随身体左转向前推刀，刀刃向前，刀尖向左；目视前方。

动作要点： 马步与推刀发力一致；力达刀刃。

马步 009

传统术语：太公钓鱼。

现代术语：马步点刀。

源流：南少林黑虎刀第三十四式。

技法：点。

动作过程： 左脚向左横跨步，双腿屈膝成马步；同时，右手握刀由上向前下点刀，刀刃向下，刀尖向前下；左掌护于右臂内侧；目视前方。

动作要点： 点刀时提腕下点，短促有力；力达刀尖。

马步 010
传统术语：力劈华山。
现代术语：马步劈刀。
源流：南少林刀术第二十四式。
技法：劈。

动作过程：（1）右脚垫步，随即左脚向右脚前盖步；同时，右手握刀由上经体前向左下劈刀，刀刃向后，刀尖斜向下；左手护按右腕；目随视刀身。
（2)右腿屈膝提起，随即右脚向右落步，双腿屈膝成马步；同时，右手握刀由下向上随身体左转向左下劈刀，刀刃向后，刀尖斜向下；左手顺势护握刀柄；目视刀身。

动作要点：劈刀时以腰带臂，以臂带刀，快速有力，马步与劈刀协调一致；力达刀刃。

马步 011

传统术语：拨云见日。

现代术语：马步砍刀。

源流：南少林五祖七星刀第十七式。

技法：砍。

动作过程： 左脚向前上步，随即双腿屈膝成马步；同时，双手握刀由上向前下砍刀，刀刃斜向下，刀尖斜向上；目视左前方。

动作要点： 砍刀时以腰带臂，短促有力；力达刀刃。

1.7 半马步

半马步 001

传统术语：仙人推磨。

现代术语：半马步立推刀。

源流：南少林太祖伏虎叉六十六式第三十六式。

技法：推。

动作过程： 双腿屈膝，重心左移成半马步；同时，右手握刀、左掌护按刀背前段随身体右转向前立推刀，刀刃向前，刀尖向下；目视刀身。

动作要点： 身械配合协调，半马步与立推刀发力一致；力达刀刃。

半马步 002
传统术语：怀中抱月。
现代术语：半马步捧刀。
源流：南少林青龙大刀第八式。
技法：捧。

动作过程： 双腿屈膝，重心右移成半马步；双手握刀随身体右转顺势捧刀于右胸前，刀刃向前，刀尖向上；目视左前方。
动作要点： 半马步、捧刀连贯流畅，一气呵成；力达刀身。

半马步 003

传统术语：仙人打鼓。

现代术语：半马步砍刀。

源流：南少林五祖七星刀第二十七式。

技法：砍。

动作过程： 左脚、右脚同时向前后跳开步，随即双腿屈膝，重心右移成半马步；同时，双手握刀随身体左转顺势向前砍刀，刀刃斜向前，刀尖斜向上；目视前方。

动作要点： 砍刀干净利落；力达刀刃。

半马步 004

传统术语：缠身摘心。

现代术语：半马步缠头抹刀。

源流：南少林梅花刀第九式。

技法：抹。

动作过程： 右手握刀由右向左贴背缠头，顺势抹刀收于腹前，刀刃向前，刀尖向右；左掌护于右胸前；同时，双腿屈膝，重心左移成半马步；目视刀尖方向。

动作要点： 缠头时刀尖下垂，刀背贴背绕行；抹刀要平；力达刀刃前段。

半马步 005

传统术语：张飞断桥。

现代术语：半马步劈刀。

源流：虎尊拳第十四式。

技法：劈。

动作过程：右脚向右跨步，随即双腿屈膝，重心右移成半马步；右手握刀随身体左转由上向前下劈刀，刀刃斜向后，刀尖斜向下；左掌护握刀柄；目视刀尖。

动作要点：劈刀快速向下劈出，半马步与劈刀协调一致；力达刀刃。

半马步 006

传统术语：叶里藏花。

现代术语：半马步藏刀。

源流：南少林连环刀第十七式。

技法：藏。

动作过程：右脚、左脚依次落步，随即双腿屈膝，重心右移成半马步；同时，右手握刀藏于身体右侧；左手顺势抓握变拳于体前；目视左前方。

动作要点：刀藏于体侧。

半马步 007

传统术语：迎面一锤。

现代术语：半马步推刀虎爪。

源流：南少林刀术第三式。

技法：推。

动作过程：双腿屈膝，重心右移成半马步；同时，右手握刀随身体左转向右侧推刀，刀刃向右，刀尖向上，随即左手变虎爪向左前方推爪；目视虎爪。

动作要点：半马步、推刀与虎爪发力一致；力达刀刃。

半马步 008

传统术语：白鹤剪翅。

现代术语：半马步斩刀。

源流：蔡李佛拳蝴蝶双刀第十七式。

技法：斩。

动作过程： 双腿屈膝，重心左移成半马步；双手握刀随身体右转由左向右前方斩刀，刀刃向后，刀尖向右；目视刀尖前方。

动作要点： 斩刀时以腰带刀，连贯流畅，一气呵成；力达刀刃前段。

半马步 009

传统术语：枯木盘根。

现代术语：半马步截刀。

源流：南少林刀术第二十式。

技法：截。

动作过程： 右腿提膝向前落步，双腿屈膝，重心左移成半马步；同时，右手握刀臂外旋，由身体右侧经右肩背裹脑后，左掌护按刀背随身体右转向前下方截刀，刀刃向前，刀尖向左；目视前方。

动作要点： 半马步与截刀协调一致；力达刀刃。

1.8 高虚步

高虚步 001

传统术语：白鹤寄脚。

现代术语：高虚步撞柄。

源流：永春白鹤拳大观鹤翅双刀第八式。

技法：撞。

动作过程： 右腿屈膝，左脚尖点地成左高虚步；同时，右手反握刀由右腰侧随身体左转向前直推撞柄；左蛇形手顺势护于右肘下方；目视刀柄。

动作要点： 撞柄时前臂紧贴刀身，高虚步与撞柄协调一致；力达刀柄。

高虚步 002

传统术语：醍醐灌顶。

现代术语：高虚步架刀。

源流：南少林一路单刀第二式。

技法：架。

动作过程：右脚、左脚依次向前上步，随即右腿屈膝，左脚尖点地成左高虚步；同时，右手握刀随转体向头顶左上方架刀，刀刃斜向上，刀尖斜向下；左手顺势护握刀柄；目视左前方。

动作要点：架刀时前臂紧贴刀背；力达刀刃。

高虚步 003
传统术语：替身探海。
现代术语：高虚步反撩刀。
源流：南少林太祖拳一百零八式第七十一式。
技法：撩。

动作过程：左腿屈膝，右脚尖点地成右高虚步；同时，双手握刀随身体右转由下向上反撩刀，刀刃向上，刀尖向前；目视刀尖。

动作要点：反撩刀贴身立圆，高虚步与反撩刀配合协调；力达刀刃前段。

1.9 丁步

丁步 001

传统术语：马前斩草。

现代术语：丁步按刀。

源流：南少林剑经总诀第二十六式。

技法：按。

动作过程：右脚、左脚依次蹬地跳起落地后双腿屈膝成左丁步；同时，右手握刀、左掌按护刀背由下向上经体前向左小腿前按刀；目视刀身。

动作要点：丁步与按刀配合协调一致；力达刀身。

1.10 独立步

独立步 001

传统术语：苍鹰落地。

现代术语：独立步扎刀。

源流：连城拳眉刀第十五式。

技法：扎

动作过程： 右腿支撑，左腿屈膝提起成右独立步；同时，右手握刀由右腰侧随身体左转向前扎刀，刀刃向下，刀尖向前；左掌护于右臂内侧；目视前方。

动作要点： 扎刀时刀从腰出；力达刀尖。

独立步 002

传统术语：金鸡独立。

现代术语：独立步捧刀。

源流：南少林太祖伏虎叉六十六式第五十七式。

技法：捧。

动作过程： 右腿支撑，左腿屈膝提起成右独立步；同时，右手握刀随身体右转捧刀于右肩前，刀刃向前，刀尖向上；左掌护按刀柄；目视左前方。

动作要点： 独立步、捧刀连贯流畅，一气呵成；力达刀身。

独立步 003

传统术语：金鸡独立。

现代术语：独立步反握刀。

源流：南少林龙尊七牌十四步第四十六式。

技法：握。

动作过程：右脚向前上步，随即右腿支撑，左腿屈膝提起成右独立步；右手反握刀、左掌护于右腕内侧合抱于胸前，刀刃斜向前，刀尖向右下；目视前方。

动作要点：单手反向握刀；独立步与反握刀配合协调一致。

独立步 004

传统术语：挥刀斩将。

现代术语：独立步立推刀。

源流：五虎群羊刀第九式。

技法：推。

动作过程： 右腿支撑，左腿屈膝提起成右独立步；右手握刀由右腰侧随身体左转向前立推刀，刀刃向前，刀尖向上；左拳顺势收于左肩前；目视右前方。

动作要点： 立推刀快速有力，独立步与立推刀发力一致；力达刀刃。

独立步 005

传统术语：魁星踢斗。

现代术语：独立步按刀。

源流：宗福寺传统南刀第十二式。

技法：按。

动作过程：右腿支撑，左腿屈膝提起成右独立步；右手握刀由上向下按刀，刀刃向前，刀尖向左；左拳顺势收于左腰侧；目视前方。

动作要点：按刀时右臂由屈到伸，用力向下按压，力达刀身。

独立步 006

传统术语：单刀昭阳。

现代术语：独立步点刀。

源流：南少林雁形刀第二十八式。

技法：点。

动作过程： 右腿支撑，左腿屈膝提起成右独立步；右手握刀由上向前下点刀，刀刃、刀尖斜向下；左手顺势护于右臂内侧；目视前方。

动作要点： 点刀提腕，短促有力；力达刀尖。

独立步 007

传统术语：金猴望月。

现代术语：独立步反撩刀。

源流：南少林黑虎刀第三十七式。

技法：撩。

动作过程： 左腿支撑，右腿屈膝提起成左独立步；双手握刀随转体由左经下向上反撩刀，刀刃斜向上，刀尖斜向前；目视前方。

动作要点： 反撩刀时贴身立圆，独立步与反撩刀协调一致；力达刀刃前段。

独立步 008

传统术语：金鸡独立。

现代术语：独立步挫刀。

源流：南少林太祖伏虎叉六十六式第四式。

技法：挫。

动作过程： 右脚支撑，左腿屈膝提起成右独立步；右手握刀随身体左转向前挫刀，高与肩平，刀刃向前，刀尖向右；左拳顺势护于左肩前；目视右前方。

动作要点： 挫刀前臂外旋由屈到伸，独立步与挫刀协调一致；力达刀刃。

1.11 横裆步

横裆步 001

传统术语：天王抱琴。

现代术语：横裆步立捧刀。

源流：南少林刀术第二式。

技法：捧。

动作过程： 右腿屈膝成右横裆步；右手握刀、左掌护按刀柄随转体屈臂立捧刀于右肩前，刀刃向前，刀尖向上；目视左前方。

动作要点： 拧腰、转胯、蹬腿与立捧刀协调一致；力达刀身。

横裆步 002

传统术语：大鹏展翅。

现代术语：横裆步立推刀。

源流：永春白鹤拳大观鹤翅刀第三十式。

技法：推。

动作过程：左腿屈膝成左横裆步；右手握刀由右腰侧随身体左转向前立推刀，刀刃向前，刀尖向上；左掌顺势护于右臂内侧；目视右前方。

动作要点：立推刀快速有力，横裆步与立推刀协调一致；力达刀刃。

2 步法

2.1 麒麟步

麒麟步 001
传统术语：虎豹拦路。
现代术语：麒麟步弓步推刀。
源流：南少林黑虎刀第二十一式。
技法：推。

动作过程：（1）左脚、右脚依次向前盖步，随即左脚向前上步，双腿屈膝，重心右移成半马步；同时，右手握刀、左掌护按刀背由身体右侧向下经体前划弧一圈至右腰侧；目随视刀身。

（2）右腿蹬直成左弓步；同时，右手握刀、左掌护按刀背随身体左转向前推刀，刀刃向前，刀尖向左；目视前方。

动作要点：麒麟步过程中左脚、右脚连续交叉盖步，腰胯松活，连接流畅快速；麒麟步、弓步、推刀配合协调；力达刀刃。

麒麟步 002

传统术语：过关斩将。

现代术语：麒麟步剪腕花刀。

源流：南少林太祖拳一百零八式第三十五式。

技法：剪腕花。

动作过程：（1）左脚、右脚依次向前盖步；同时，右手握刀在身体左、右两侧各做一剪腕花；左掌护于右臂内侧；目随视刀身。

（2）左脚向左前上步，双腿屈膝，重心右移成半马步；同时，右手握刀收至右腰间；左手顺势向身体左侧摊掌；目视左前方。

动作要点：剪腕花刀时刀身立圆、顺达，麒麟步与剪腕花刀配合协调一致；力达刀身。

麒麟步 003

传统术语：白蛇吐芯。

现代术语：麒麟步弓步扎刀。

源流：洪拳体系虎鹤双行拳。

技法：扎。

动作过程：（1）左脚、右脚依次向前盖步，随即左脚向前上步，双腿屈膝，重心右移成半马步；同时，右手握刀、左掌护按刀背由身体右侧向下经体前划弧一圈至右腰侧；目随视刀身。

（2）右腿蹬直成左弓步；同时，右手握刀随身体左转向前下扎刀，刀刃、刀尖斜向下；左掌顺势护于左肩前；目视刀尖方向。

动作要点：麒麟步步法流畅稳健，弓步拧腰、转胯、蹬腿与扎刀协调一致；力达刀尖。

麒麟步 004

传统术语：顺风摆柳。

现代术语：麒麟步抹刀。

源流：南少林罗汉拳达摩七十二剑第四十七式。

技法：抹。

动作过程：左脚、右脚依次向前盖步，随即左脚向前上步，双腿屈膝，重心右移成半马步；同时，右手握刀、左掌护按刀背由身体左侧经体前平抹刀至右腰侧，刀刃向右，刀尖向前；目视左前方。

动作要点：抹刀时左手按压刀背在身体前平抹半圈；力达刀刃前段。

麒麟步 005

传统术语：夜叉劈门。

现代术语：麒麟步抡劈刀。

源流：南少林春秋大刀第五式。

技法：劈

动作过程： 左脚、右脚依次向前盖步，随即左脚向前上步，双腿屈膝，重心右移成半马步；同时，双手握刀由身体右侧经体前沿顺时针方向抡劈一圈收至右肩前，刀刃向前，刀尖向上；目视左前方。

动作要点： 抡劈刀贴身立圆，快速连贯，麒麟步与抡劈刀协调一致；力达刀刃。

麒麟步 006

传统术语：铁牛入石。

现代术语：麒麟步跪步推刀。

源流：南少林五祖刀三十六招第十三式。

技法：推。

动作过程：（1）左脚、右脚依次向前盖步，随即左脚向前上步，双腿屈膝，重心右移成半马步；同时，右手握刀、左掌护按刀背由身体右侧向左经体前抹刀至右腰侧；目随视刀身。

（2）左腿屈膝下蹲，右脚向前拖步，脚跟提起成跪步；同时，右手握刀、左掌护按刀背随身体左转向前推刀，刀刃向前，刀尖向左；目视前方。

动作要点：麒麟步腰胯松活，连接流畅快速，跪步与推刀协调一致；力达刀刃。

麒麟步 007
传统术语：偷梁换柱。
现代术语：麒麟步换刀。
源流：南少林五虎群羊刀第五式。
技法：换。

动作过程：（1）左脚、右脚依次向前盖步，随即左脚向左前上步，双腿屈膝，重心右移成半马步；同时，右手反握刀，臂外旋，以腕为轴在体前换至左手反握刀，刀刃斜向左，刀尖斜向后；目视刀身前方。

动作要点：左右脚交叉盖步灵活稳健；换刀时刀于体前交替换接。

2.2 盖步

盖步 001
传统术语：二郎担山。
现代术语：盖步架刀。
源流：南少林三十六式刀第三十一式。
技法：架。

动作过程：右脚向左脚前盖步；同时，右手握刀由身体左侧向上划弧架于头顶上方，刀刃向上，刀尖斜向下；左掌护握刀柄；目视左前方。

动作要点：架刀时刀贴身架于头顶上方，刀身紧贴左前臂；力达刀身。

盖步 002

传统术语：回头斩将。

现代术语：盖步斩刀。

源流：南少林五祖刀三十六招刀法第三十三式。

技法：斩。

动作过程： 右脚向左脚前盖步；右手握刀臂内旋至左肩前，随即身体右转向前斩刀，刀刃向右，刀尖向前；左手托握刀柄；目视前方。

动作要点： 盖步与斩刀协调一致；力达刀刃前段。

盖步 003

传统术语：青龙过海。

现代术语：盖步劈刀。

源流：少林花拳春秋大刀第二十四式。

技法：劈。

动作过程： 左脚向右脚前盖步；同时，右手握刀由身体右侧经体前向左下劈刀，刀刃斜向左，刀尖斜向下；左掌护于右腕内侧；目视左前方。

动作要点： 劈刀时腰带臂，臂带刀，快速有力；力达刀刃。

盖步 004

传统术语：白鹤扫翅。

现代术语：盖步截刀。

源流：南少林太祖伏虎叉六十六式第五式。

技法：截。

动作过程： 右脚向左脚前盖步；右手握刀前臂内旋由身体左侧经体前向右下方截刀，右臂微屈，刀刃斜向右，刀尖斜向前；左掌架于头左上方；目视右前方。

动作要点： 上步灵巧，腰胯松活；截刀时臂内旋，右腕用力向下按压；力达刀刃。

盖步 005
传统术语：仙人打鼓。
现代术语：盖步砍刀。
源流：永春白鹤拳大观鹤翅刀第十九式。
技法：砍。

动作过程： 右脚向左脚前盖步；双手握刀由身体右侧向前下斜砍刀，刀刃斜向前，刀尖斜向上；目视前下方。

动作要点： 快速有力向前砍刀；盖步与砍刀发力一致；力达刀刃。

盖步 006

传统术语：罗汉劈柴。

现代术语：盖步缠头劈刀。

源流：南少林刀术第三十九式。

技法：劈。

动作过程：（1）右手握刀由左肩经背缠头至右肩后，左掌自然摆至身体左侧；目随刀行。

（2）身体左转，随即左脚向右脚前盖步；同时，右手握刀由上经体前向左下劈刀，刀刃斜向左，刀尖斜向下；左掌护于右腕内侧；目视刀尖。

动作要点：缠头刀时臂内旋，刀背贴身，左掌配合协调；盖步与劈刀协调一致；力达刀刃。

2.3 退步

退步 001

传统术语：白鹤斩翼。

现代术语：退步左右抹刀。

源流：永春白鹤大观鹤翅刀第五十七式。

技法：抹。

动作过程：（1）左脚向后退步；同时，双手反握刀随转体向右平抹刀，刀刃向右，刀尖向前；目随视刀身。

（2）右脚向后退步；同时，双手反握刀随转体向左平抹刀；刀刃向左，刀尖向前；目视前方。

动作要点：抹刀时以腰带臂，以臂带刀，快速灵活，转换流畅；力达刀刃前段。

退步 002

传统术语：顽童扫地。

现代术语：退步左右扫刀。

源流：宗福寺传统南刀第八式。

技法：扫。

动作过程：（1）右脚向后退步；同时，双手握刀随转体向左扫刀；目随视刀身。

（2）左脚向后退步；同时，双手握刀随转体向右扫刀，刀刃向右，刀尖向前；目视前方。

动作要点：左右扫刀转换快捷，腰胯松活，扫刀要平，高不过膝；力达刀刃。

退步 003

传统术语：过关斩将。

现代术语：退步砍刀。

源流：南少林梅花刀第三十四式。

技法：砍。

动作过程：（1）右脚向后退步；同时，右手握刀，臂内旋，随转体向左横砍刀；左掌护于右臂内侧；目随视刀身。

（2）左脚向后退步；同时，右手握刀随转体向右横砍刀，刀刃向后，刀尖向斜上；左掌变拳顺势摆至身体左前方；目视左前方。

动作要点：退步砍刀敏捷连贯，刀向左右横砍；力达刀刃。

2.4 上步

上步 001
传统术语：白蛇吐芯。
现代术语：上步扎刀。
源流：南少林五祖刀三十六招刀法第二十七式。
技法：扎。

动作过程： 左脚向前上步，右脚跟步；同时，右手握刀从右腰侧向前扎刀，刀刃向下，刀尖向前；左掌护于右臂内侧；目视前方。

动作要点： 扎刀快速有力；力达刀尖。

上步 002
传统术语：灵蛇出洞。
现代术语：上步穿刀。
源流：宗福寺传统南刀第十六式。
技法：穿。

动作过程： 右脚、左脚、右脚依次向前上步；右手握刀，臂外旋，由右腰侧向前平穿，刀刃向左，刀尖向前；左掌护于右臂内侧；目视前方。

动作要点： 穿刀时以腰带刀；力达刀尖。

上步 003
传统术语：惊燕穿撩。
现代术语：上步撩刀。
源流：宗福寺传统南刀第五式。
技法：撩。

动作过程： 左脚、右脚依次向前上步；右手握刀由身体右侧随转体向上、向后、向前撩刀，刀刃向上，刀尖向前；左掌由下向上经体前划弧至身体左侧；目视右前方。
动作要点： 刀贴身立圆撩起，协调连贯；力达刀刃前段。

上步 004

传统术语：仙人打鼓。

现代术语：上步砍刀。

源流：虎尊拳第二十六式。

技法：砍。

动作过程： 左脚向前上步，右脚跟步；同时，双手握刀由身体右侧向前砍刀，刀刃斜向前，刀尖斜向上；目视左前方。

动作要点： 砍刀短促有力，快速敏捷；力达刀刃。

上步 005

传统术语：左右风轮。

现代术语：上步剪腕花刀。

源流：南少林太祖拳一百零八式第十六式。

技法：剪腕花。

动作过程： 身体微左转；右脚向前上步，左脚跟步；同时，右手握刀在身体左侧、右侧各做一腕花刀；左掌护于右臂内侧；目随视刀身。

动作要点： 剪腕花刀贴身立圆，动作连贯流畅，一气呵成；力达刀身。

上步 006
传统术语：国舅背书。
现代术语：上步背刀。
源流：宗福寺传统南刀第十八式。
技法：背。

动作过程：左脚向前上步，右脚向前跟步，脚跟提起；同时，右手握刀由身体右侧向下经体前背刀至左肩侧；左手护于刀柄处；目视右前方。

动作要点：甩腕、立腰、撩刀、背刀与转体协调一致；力达刀身。

上步 007

传统术语：仙人指路。

现代术语：上步撞柄。

源流：一路苗刀第二十一式。

技法：撞。

动作过程：身体左转；左脚向前上步，右脚跟步；同时，右手反握刀从右腰间向前撞柄；左掌护于右臂内侧；目视刀柄。

动作要点：撞柄时刀身紧贴前臂，上步与撞柄协调一致；力达刀柄。

上步 008
传统术语：左右推窗。
现代术语：上步左右格刀。
源流：宗福寺传统南刀第七式。
技法：格。

动作过程：（1）左脚向前上步；同时，右手握刀、左掌护按刀背随转体向左格刀，刀刃向后，刀尖向上；目随视刀身。
（2）右脚向前上步屈膝前弓成骑龙步；同时，右手握刀、左掌护按刀背随转体向右格刀，刀刃向前，刀尖向下；目视前方。

动作要点：上步、转体快速灵敏，上步与格刀配合协调；力达刀身。

上步 009

传统术语：仙人打鼓。

现代术语：上步左右砍刀。

源流：南少林五祖七星刀第三十五式。

技法：砍。

动作过程：（1）左脚向前上步；同时，右手握刀、臂内旋随转体向左砍刀；左掌护于右肩前；目随视刀身。

（2）右脚向前上步，右腿屈膝前弓成骑龙步；同时，右手握刀、臂外旋随转体向右砍刀，刀刃向后，刀尖斜向上；左掌变拳顺势摆至身体左侧；目视左前方。

动作要点：上步与左右砍刀连贯协调；力达刀刃。

上步 010

传统术语：狂风吹谷。

现代术语：上步左右劈刀。

源流：宗福寺传统南刀第三十三式。

技法：劈。

动作过程： 左脚向前上步，随即右脚向左脚并步；同时，双手握刀随转体在身体左侧、右侧依次向下劈刀后收至右胸前；目视左前方。

动作要点： 左右劈刀贴身立圆，连贯紧凑，上步与劈刀协调一致；力达刀刃。

上步 011

传统术语：回马扫敌。

现代术语：上步缠头推刀。

源流：五祖拳南刀第十三式。

技法：推。

动作过程：（1）左脚、右脚依次向前上步；同时，右手握刀、臂内旋由下经体前缠头至右肩侧；左掌自然摆至身体左侧。

（2）左脚上步，右手握刀随身体左转向前推刀，刀刃向前，刀尖向上；左掌护于右臂内侧；目视前方。

动作要点：上步、缠头、推刀连贯流畅，干净利落；力达刀刃。

上步 012

传统术语：鹞子翻身。

现代术语：上步剪腕花翻身跳砍刀。

源流：南少林刀术第三十二式。

技法：剪腕花、砍。

动作过程：（1）左脚、右脚依次向前上步；同时，右手握刀在身体前后各做一剪腕花，左掌护于右臂内侧；目随视刀身。

（2）双脚蹬地跳起向左翻转360°，左右脚依次落地，左腿屈膝，右小腿内侧贴地成右单蝶步；同时，双手握刀随翻身由身体右侧经上向下砍刀，刀刃斜向下，刀尖斜向上；目视刀身。

动作要点：上步与剪腕花刀协调一致；跳翻身时双腿屈膝，脚后撩，翻身跳、砍刀连贯流畅，一气呵成；力达刀刃。

2.5 插步

插步 001
传统术语：腋下穿针。
现代术语：插步反扎刀。
源流：宗福寺传统南刀第十七式。
技法：扎。

动作过程： 右脚向右上步，左脚向右脚后方插步；同时，双手握刀随转体向右侧反扎刀，右前臂紧贴刀身，刀刃向前，刀尖向右；目视刀尖方向。
动作要点： 反扎刀短促有力，一气呵成；力达刀尖。

插步 002

传统术语：山前回风。

现代术语：插步藏刀。

源流：南少林缠头刀第二十九式。

技法：藏。

动作过程： 左脚向右脚后方插步；右手握刀藏于身体右侧，刀刃向下，刀尖向前；同时，左手由右肩前向上、向前抓握变拳；目视左前方。

动作要点： 插步、藏刀、握拳配合协调一致；刀藏于体侧。

插步 003
传统术语：渔夫摇桨。
现代术语：插步绞刀。
源流：南少林四门刀第三十五式。
技法：绞。

动作过程： 左脚向左上步，右脚向左脚后方插步；同时，右手握刀、左掌护按刀背在体前沿顺时针方向立圆绞刀一圈，刀刃向下，刀尖向左；目视刀身。
动作要点： 绞刀时以腕为轴，贴身、立圆绕转；力达刀身。

插步 004

传统术语：关公卸甲。

现代术语：插步按刀。

源流：五虎群羊刀第二十一式。

技法：按。

动作过程： 左脚向左上步，右脚向左脚后方插步；同时，右手握刀、左掌护按刀背由右经上向前下方按刀，刀刃向前，刀尖向左；目视刀身。

动作要点： 按刀时双臂由伸到屈，用力向下按压；力达刀身。

插步 005

传统术语：夜莺归巢。

现代术语：插步撩架刀。

源流：达摩拳七十二剑第五十四式。

技法：撩、架。

动作过程： 左脚向后退步，右脚向左脚后方插步；同时，右手握刀由身体右侧向下、向上经体前沿顺时针方向划弧撩刀，架至头顶左上方，刀刃向上，刀尖向前；左手护握刀柄；目视右前方。

动作要点： 撩刀贴身立圆，架刀架于头顶上方；力达刀刃。

插步 006

传统术语：回头望月。

现代术语：插步反撩刀。

源流：地术犬法少林滚塘刀第十九式。

技法：撩。

动作过程： 左脚向右脚后方插步；同时，右手握刀、臂内旋由身体右侧向上、向左、向右经体前沿逆时针方向划弧一圈反撩刀，刀刃斜向上，刀尖斜向下；左臂伸直，掌心向前；目视右前方。

动作要点： 反撩刀以腰带臂，以臂带刀，发劲柔顺，贴身立圆；力达刀刃前段。

插步 007

传统术语：退步卸马。

现代术语：插步缠头刀。

源流：南少林刀术第十八式。

技法：缠头。

动作过程： 左脚向左上步，右脚向左脚后方插步；同时，右手握刀随转体由左肩经背缠头至左腋下，刀刃斜向左，刀尖斜向上；左掌护于右肩前；目视右前方。

动作要点： 缠头刀时刀尖向下，刀背沿左肩贴背绕行；力达刀背。

2.6 开步

开步 001

传统术语：李广射虎。

现代术语：开步挫刀。

源流：五梅拳单刀第一式。

技法：挫。

动作过程：右脚向右上步，左脚跟步成开步；同时，右手握刀由身体右侧随转体向右前挫刀，高与肩平，刀刃向右，刀尖向后；左拳护于左肩前；目视右前方。

动作要点：挫刀时臂由屈到伸，开步与挫刀协调一致；力达刀刃。

开步 002
传统术语：单鞭击石。
现代术语：开步立推刀。
源流：南少林单刀第四十式。
技法：推。

动作过程： 右脚向右上步，左脚跟步成开步；同时，右手握刀由身体右侧随转体向右前立推刀，刀刃向右，刀尖向上；左手握拳收于左肩前；目视右前方。

动作要点： 立推刀时拧腰转胯，快速有力向前推出，力达刀刃。

开步 003

传统术语：回风拔水。

现代术语：开步抡劈刀。

源流：南少林十大武艺双刀谱第十一式。

技法：劈。

动作过程： 右脚向右横跨步成开步；同时，右手握刀由身体右侧向下劈刀，顺势抡至头顶上方；左手护握刀柄；目视左前方。

动作要点： 抡劈刀时贴身立圆，腕关节松活，连贯流畅；力达刀刃。

开步 004
传统术语：左右推山。
现代术语：开步左右斩刀。
源流：南少林双刀第十八式。
技法：斩。

动作过程： 左脚向左横跨步成开步；同时，双手握刀由身体右侧向左前斩刀，随即右臂内旋、左臂外旋向右斩刀，刀刃向前，刀尖向左；目视前方。

动作要点： 斩刀时以腰带刀，左右转胯灵活流畅，开步与左右斩刀协调一致；力达刀刃前段。

2.7 震脚

震脚 001
传统术语：抱虎归山。
现代术语：震脚藏刀。
源流：蔡李佛拳第二十八式。
技法：藏。

动作过程：双脚蹬地跳起，下落时双腿屈膝并步震脚；同时，右手握刀、左掌护按刀身藏于身体右侧，刀刃向右，刀尖向前；目视左前方。

动作要点：屈膝震脚，短促有力；刀藏于体侧。

震脚 002

传统术语：千钧坠地。

现代术语：震脚劈刀。

源流：南少林双刀第二十三式。

技法：劈。

动作过程：右脚向右横跨一步，左脚向右脚并拢，随即双脚向下震脚；同时，右手握刀由身体右侧向下经体前划弧一圈向右下劈刀，刀刃斜向右，刀尖斜向上；左掌护于右肩前；目视刀身。

动作要点：劈刀时快速有力，在体前立圆划弧下劈；力达刀刃。

震脚 003
传统术语：石破天惊。
现代术语：震脚砍刀。
源流：南少林梅花刀第十三式。
技法：砍。

动作过程： 双脚蹬地跳起，下落时双腿屈膝并步震脚；同时，双手握刀由身体右侧上方向下砍刀，刀刃斜向下，刀尖斜向上；目视右前方。

动作要点： 砍刀时短促有力；震脚与砍刀协调一致；力达刀刃。

震脚 004

传统术语：风卷残云。

现代术语：裹脑刀震脚截刀。

源流：永春白鹤拳大观鹤翅刀第八式。

技法：裹脑、截。

动作过程：（1）右手握刀，臂外旋，由身体左侧经右背做裹脑刀至左肩背；左掌护于右肩前。

（2）双脚蹬地跳起，下落时双腿屈膝并步震脚；同时，右手握刀由左肩侧经体前向右侧下方截刀，刀刃向右，刀尖向前；左掌架于头左上方；目视右前方。

动作要点：裹脑刀快速贴背，震脚与截刀协调一致；力达刀刃。

2.8 垫步

垫步 001

传统术语：蜻蜓点水。

现代术语：垫步弹踢点刀。

源流：永春白鹤拳大观鹤翅刀第四十七式。

技法：点。

动作过程： 左脚向前上步，右脚向前垫步，右腿屈膝支撑，随即左脚向前下弹踢；同时，右手握刀由身体右侧向前下点刀，刀刃、刀尖斜向下；左手托握刀柄；目视刀尖方向。

动作要点： 点刀提腕，短促有力，垫步点刀、弹踢配合协调一致；力达刀尖。

垫步 002

传统术语：狂风吹谷。

现代术语：垫步马步劈刀。

源流：永春白鹤拳体系鹤翅刀第二十五式。

技法：劈。

动作过程：（1）右脚向前跳垫步，左脚向右脚前盖步，随即右腿屈膝提起；右手握刀由上向左下经体前向右上挑刀；左手护握刀柄；目随视刀身。

（2）右脚向右侧落步，双腿屈膝成马步；同时，双手握刀由上经体前向左下劈刀，刀刃斜向后，刀尖斜向下；目视左前方。

动作要点：蹬地、垫步、劈刀灵巧快速，配合协调；力达刀刃。

2.9 转身

转身 001

传统术语：龙翻海涛。

现代术语：转身反撩刀。

源流：南少林黑虎刀第三十三式。

技法：撩。

动作过程： 右脚、左脚依次向前上步，随即身体右转180°；同时，双手握刀由左经体前划弧向右上反撩刀，刀刃斜向上，刀尖斜向前；目视刀尖。

动作要点： 反撩刀时右臂内旋、左臂外旋，刀贴身立圆由下向上撩出；力达刀刃前段。

转身 002

传统术语：十字劈红。

现代术语：转身抡劈刀。

源流：二路梅花刀第三十四式。

技法：劈。

动作过程：左脚、右脚向前上步，随即身体向左转180°；同时，右手握刀，臂外旋向下劈刀，顺势抡至左肩处，刀刃斜向上，刀尖斜向下；左掌护于刀柄处；目随刀行。

动作要点：转身动作连贯流畅，用力顺达，抡劈刀时贴身立圆；力达刀刃。

转身 003
传统术语：武松藏刀。
现代术语：转身腕花刀。
源流：五虎群羊刀第二十七式。
技法：腕花。

动作过程：（1）身体右转180°，随即右脚外撇；同时，右手握刀、臂外旋由前下经上向右下压刀；左手自然摆至右肩前；目视前方。

（2）身体继续右转180°，随即右脚向左脚并步；同时，右手握刀在身体前做一腕花刀，顺势收至右腰侧，刀刃向下，刀尖向前；左掌随转体摆至身体左侧；目视前方。

动作要点：转身、腕花刀配合协调，一气呵成，腕花刀贴身立圆，手腕关节松活；力达刀身。

2.10 翻身跳步

翻身跳步 001

传统术语：鹞子翻身。

现代术语：翻身跳仆步劈刀。

源流：南少林五祖刀三十六招第十五式。

技法：劈。

动作过程： 左脚上步，随即蹬地跳起向左翻转180°，左脚、右脚同时落地，左腿屈膝成右仆步；同时，右手握刀由下向上随转体向下劈刀，刀刃斜向下，刀尖斜向上；左手变掌护于右臂内侧；目视右前方。

动作要点： 劈刀时双臂要立圆抡摆，上下肢配合协调一致；力达刀刃。

2.11 转身跳步

转身跳步 001

传统术语：白蛇甩尾。

现代术语：转身跳步扎刀。

源流：南少林春秋大刀第二十二式。

技法：扎。

动作过程： 左脚蹬地跳起，向左转360°，双脚依次落地，左脚踩实，右脚跟提起；同时，右手握刀顺势收于右腰间再向前扎刀，刀刃向下，刀尖向前；左掌护于右上臂内侧；目视前方。

动作要点： 身体拧转灵活，转身跳步与扎刀协调一致；力达刀尖。

转身跳步 002

传统术语：鱼跃龙门。

现代术语：转身跳步单蝶步云抹刀。

源流：二路苗刀第三十二式。

技法：云、抹。

动作过程： 左脚、右脚、左脚依次上步蹬地跳起，向左转360°，双脚依次落地，左腿屈膝，右小腿内侧贴地成右单蝶步；同时，右手握刀、左手按护刀背随转体举至头顶上方平云一圈后向身体左侧平抹刀，刀刃向左，刀尖向前；目视左前方。

动作要点： 跳转身、云抹刀、单蝶步配合协调一致；力达刀刃。

转身跳步 003

传统术语：仙人打鼓。

现代术语：转身跳步骑龙步砍刀。

源流：南少林太祖伏虎叉六十六式第十八式。

技法：砍。

动作过程： 左脚、右脚依次向前上步蹬地跳起，向左转360°，左脚、右脚依次落地，左腿屈膝前弓成骑龙步；同时，双手握刀由下向上随转体向身体右下方砍刀，刀刃斜向下，刀尖斜向上；目视刀身。

动作要点： 转身跳步时双腿屈膝后撩，转身跳步、骑龙步与砍刀协调一致；力达刀刃。

2.12 换跳步

换跳步 001

传统术语：雄鹰扑兔。

现代术语：换跳步藏刀。

源流：一路单刀第二十八式。

技法：藏。

动作过程： 左脚、右脚依次蹬地跳起在空中换跳步；同时，右手握刀由身体右侧经体前向下划弧藏于身后，刀刃向下，刀尖向前；左虎爪由左腰间向前抓出；目视左虎爪。

动作要点： 腾空轻灵，跳换步、藏刀与抓面爪须在腾空中一气呵成；刀藏于体侧。

换跳步 002

传统术语：力拔山河。

现代术语：换跳步抹刀。

源流：南少林梅花刀第十九式。

技法：抹。

动作过程： 左脚、右脚依次蹬地跳起在空中换跳步；同时，右手握刀、左掌护按刀身由身体左侧平抹刀至右腰侧，刀刃向右，刀尖向前；目随刀行。

动作要点： 跳换步与抹刀上下协调一致，动作轻灵，连贯协调；力达刀刃前段。

换跳步 003

传统术语：旋风挟刀。

现代术语：换跳步抡劈刀。

源流：二路梅花刀第十三式。

技法：劈。

动作过程： 双脚蹬地起跳在空中换跳步；同时，右手握刀由身体左侧向下抡劈刀至右肩前；左掌顺势向前方推出；目视左掌方向。

动作要点： 换跳步与抡劈刀上下配合协调，灵活快速；力达刀刃。

换跳步 004

传统术语：猛虎跳岗。

现代术语：换跳步劈刀。

源流：一路苗刀第二十五式。

技法：劈。

动作过程：左脚、右脚依次蹬地跳起在空中换跳步；同时，右手握刀、臂外旋由身体右上方经体前向左下劈刀，刀刃斜向后，刀尖斜向下；左掌护于右腕内侧；目视刀尖。

动作要点：劈刀短促有力，跳换步与劈刀动作连贯协调，一气呵成；力达刀刃。

换跳步 005

传统术语：单锏开山。

现代术语：换跳步崩刀。

源流：南少林地术犬法第二十式。

技法：崩。

动作过程：右脚、左脚依次蹬地跳起在空中换跳步；同时，右手握刀由左经体前向右绕摆抖腕向上崩刀，刀刃向右，刀尖向上；左掌护于右臂内侧；目视刀身。

动作要点：刀走弧线，崩刀沉肘坐腕；力达刀尖。

换跳步 006

传统术语：回马反鞭。

现代术语：换跳步反扎刀。

源流：南少林春秋大刀第十七式。

技法：扎。

动作过程：右脚、左脚依次蹬地跳起在空中换跳步；同时，右手反握刀由左向身体右侧反扎刀，刀刃向下，刀尖向后；左手护握刀柄；目视刀尖。

动作要点：以腰为轴，反扎刀短促有力；力达刀尖。

换跳步 007

传统术语：罗汉拔刀。

现代术语：换跳步左右砍刀。

源流：一路苗刀第十六式。

技法：砍。

动作过程： 左脚、右脚依次蹬地跳起在空中换跳步；同时，右手握刀、臂内旋随转体向左砍刀，随即右臂外旋随转体向右砍刀，刀刃向后，刀尖斜向上；左掌顺势摆至身体左前方；目视左前方。

动作要点： 跳换步与左右砍刀配合协调一致，连贯流畅；力达刀刃。

2.13 跳步

跳步 001

传统术语：力破天门。

现代术语：跳步单拍脚反握刀。

源流：南少林五祖刀三十六招第二十式。

技法：握。

动作过程：双脚同时蹬地跳起，左腿屈膝，右脚向上弹踢；同时，左掌击拍右脚面，右手反握刀置于右腿外侧，刀刃向右，刀尖斜向上；目视击拍脚。

动作要点：击响腿脚尖过肩，击拍短促有力；力达脚背。

3 腿法

3.1 屈伸

蹬腿 001
传统术语：猛虎过涧。
现代术语：蹬腿后扎刀。
源流：二路梅花刀第十四式。
技法：扎。

动作过程： 左腿微屈支撑，右腿向正前方蹬出；同时，右手反握刀向身后扎刀，刀刃斜向下，刀尖斜向后；左手护于刀柄处；目视前方。
动作要点： 蹬腿与扎刀发力一致；力达脚跟。

弹踢 002

传统术语：蜻蜓点水。

现代术语：弹踢点刀。

源流：蔡李佛拳蝴蝶双刀第二十式。

技法：点。

动作过程： 右腿微屈支撑，左脚向前下弹踢；同时，右手握刀由上向前下方点刀，刀刃、刀尖斜向下；左手托握刀柄；目视刀尖。

动作要点： 点刀提腕，短促有力，垫步点刀、弹踢配合协调；力达脚尖。

虎尾腿 003

传统术语：背后出宝。

现代术语：虎尾腿扎刀。

源流：地术拳七星第三十六式。

技法：扎。

动作过程： 右脚向前上步，右腿微屈支撑，随即左腿向后上方蹬出；同时，右手握刀由右腰侧向前扎刀，刀刃斜向前，刀尖斜向上；左虎爪顺势向身体左侧推出，架于头顶上方；目视刀尖。

动作要点： 蹬出腿由屈至伸；虎尾腿与扎刀协调一致；力达脚跟。

横钉腿 004

传统术语：半山伏虎。

现在术语：横钉腿撞柄。

源流：侠家拳虎鹤双斗体系。

技法：撞。

动作过程：左脚向前上步，左腿微屈支撑，右脚由右向左横钉腿；同时，右手反握刀由左前方顺势摆至身体右后方，刀刃向右，刀尖向后；左掌向前按掌；目视前方。

动作要点：钉出腿向异侧钉出快速有力，高不过肩，力达脚尖。

横踩腿 005

传统术语：铁扫把脚。

现代术语：横踩腿反扎刀。

源流：洪拳虎鹤双形体系。

技法：扎。

动作过程： 左腿微屈支撑，右脚提起向左下方横踩腿；同时，右手反握刀由身体右侧向下反扎刀，刀刃向下，刀尖向后；左掌护于右肩前；目视横踩腿。

动作要点： 横踩腿与反扎刀同时发力，踩出腿由屈至伸，快速有力；力达脚掌。

3.2 直摆

单拍脚 001

传统术语：击石弹丝。

现代术语：单拍脚藏刀。

源流：南少林一路单刀第十八式。

技法：藏。

动作过程： 左脚向前上步，左腿微屈支撑，随即右腿向上直摆；同时，左掌击拍右脚面；右手握刀藏于身体右侧，刀刃斜向下，刀尖斜向上；目视击拍脚。

动作要点： 击响腿过肩，击拍准确；力达脚背。

勾踢 002

传统术语：踢石舞旗。

现代术语：上步勾踢崩刀。

源流：南少林刀术第四十七式。

技法：崩。

动作过程：右脚、左脚依次向前上步，随即右脚向前勾踢；同时，双手握刀由左向右崩刀至身体右侧，刀刃向右，刀尖向后；目视刀尖。

动作要点：崩刀短促有力，勾踢快速，上步、勾踢、崩刀配合协调；力达脚跟。

后摆腿 003

传统术语：乌龙摆尾。

现代术语：后摆腿抹刀。

源流：宗福寺传统南刀第二十式。

技法：抹。

动作过程： 右脚向前上步，左腿向左后摆腿，随即右手反握刀由右向左平抹刀，刀刃斜向前，刀尖斜向下；左掌护于刀柄处；目随视摆动腿。

动作要点： 后摆腿脚尖过肩，后摆腿与抹刀协调一致；力达脚掌。

3.3 扫转

前扫腿 001

传统术语：秋风扫地。

现代术语：前扫腿扫刀。

源流：南少林地术拳七星第十五式。

技法：扫。

动作过程：左腿屈膝全蹲，右脚掌贴地沿逆时针方向扫转一圈；同时，右手握刀随转体向左扫刀，刀刃向右，刀尖向后；目随视刀身。

动作要点：扫转腿伸直，力达脚掌；扫刀力达刀刃。

伏地后扫腿 002
传统术语：天犬望月。
现代术语：伏地后扫腿反握刀。
源流：地术拳七星第二十七式。
技法：后扫腿。

动作过程：右腿屈膝跪地，右脚后跟提起，左脚由左向身体右后扫腿半圈；同时，身体伏地，右手顺势屈臂撑地；左手反握刀护于左肩前，刀刃向左，刀尖向上；目视右前方。

动作要点：膝盖着地，一手撑地，迅速后扫；力达脚掌。

4 跌扑

4.1 乘转

盘腿跌扑 001
传统术语：仙人指路。
现代术语：盘腿跌扑。
源流：地术拳十八连珠第三十六式。
技法：盘腿跌。

动作过程： 左脚向前上步，右脚蹬地跳起，在空中向左翻转360°后落地侧扑；同时，右手握刀向身体右斜上方扎刀，刀刃向后，刀尖向右；目视刀尖。

动作要点： 身体腾空，左腿屈膝，右腿快速里合；盘腿翻转一周后身体左侧与左前臂同时着地。

5 翻腾

5.1 额转

鲤鱼打挺 001

传统术语：鲤鱼打挺。

现代术语：鲤鱼打挺。

源流：地术拳七星第十九式。

技法：打挺。

动作过程：（1）肩背贴地，屈髋收腹；同时，右手握刀、左手护按刀背，刀刃向前，刀尖向左。

（2）双腿向前、向下弹伸落地，身体向前跃起，随即双腿屈膝下蹲；目视刀身。

动作要点：双腿下打时迅速挺腹。

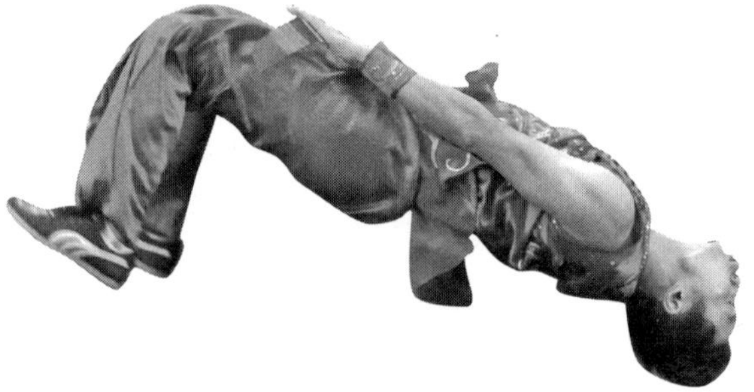

6 滚翻

6.1 额转

抢背 001

传统术语：地龙穿梭。

现代术语：抢背。

源流：地术拳七星第三十七式。

技法：翻滚。

动作过程： 左脚、右脚依次向前上步，随即上身卷屈，肩、背、腰、臀依次着地翻滚，右手握刀顺势收于身体左侧，左手护于右肩前。

动作要点： 翻滚轻快圆活；肩背着地。

7 刀法

7.1 背花刀

背花刀 001
传统术语：左右风轮。
现代术语：背花刀。
源流：南少林刀术第三十二式。
技法：背花。

动作过程： 身体稍右转；右手握刀、臂外旋在身体右后方做背花刀；左掌护于右肩前；目随刀行。

动作要点： 背花刀时手腕松活，刀贴身体成立圆，动作连贯紧凑；力达刀身。